DEVINETTE 1

Quel est l'animal le plus généreux ? 

Le poulain, parce que quand il y en a poulain, il y en a pou l'autre.

DEVINETTE 2

Qu'as fait un calepin ce matin? 

ce matin ...un calepin ...a tué un classeur!
(c'était un calepin qui avait un fusil)

DEVINETTE 3

Pourquoi les français marchent sur les tuyaux d'arrosage ? 

Pour avoir de l'eau plate !

DEVINETTE 4

Qu'elle est la réponse dont seul Chuck Norris peut répondre?

Mais où est donc or ni car?

DEVINETTE 5

Que répond un kangourou à sa maman qui demande à son fils : Comment s'est passé ton examen ?-

« C'est dans la poche »

DEVINETTE 6

Quelle est la plus belle caresse qu'une belle-mère puisse nous faire ?

Caresse chez elle !

DEVINETTE 7

Comment s'appelle la femelle du hamster?

Hamsterdam.

DEVINETTE 8

Comment se nomme la Barbie la plus poilue ?

La Barbie chette !

DEVINETTE 9

Comment appelle-t-on un indien qui regarde de la pornographie ?

Un cochon d'inde.

DEVINETTE 10

Comment appelle-t-on un hibou constipé ?

Un hibouche.

DEVINETTE 11

Que font les dinosaures quand ils n'arrivent pas à se mettre d'accord ?

Un tirajossor...

DEVINETTE 12

Où les super héros vont-ils faire leurs courses ?

Au supermarché

DEVINETTE 13

Où a été signé le traité de Versailles ?

En bas de la feuille

DEVINETTE 14

Quel est le point commun entre Ayrton Senna et Claude François ?

Tous les deux étaient d'excellent conducteurs

DEVINETTE 15

Qu'est-ce qui fait NIOC NIOC?

Un canard qui parle en verlan

DEVINETTE 16

Pourquoi les électriciens sont-ils les meilleurs au judo ?

Parce qu'ils connaissent toutes les prises

DEVINETTE 17

Pourquoi un plongeur plonge-t-il toujours en arrière?

Parce que s'il plonge en avant il tombe dans le bateau

DEVINETTE 18

Quel est le poisson le moins lourd de la mer ?

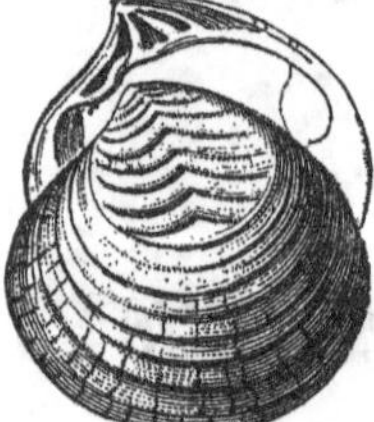

La palourde...

DEVINETTE 19

Que faire pour sauver la vie d'une mouche qui se noie ?

Du mouche à mouche

DEVINETTE 20

Sais-tu comment le chasseur attire les lapins ?

Il imite le cri de la carotte.

DEVINETTE 21

Quel est l'animal le plus malheureux ?

Le taureau, parce que sa femme est vache.

DEVINETTE 22

Comment fait-on pour savoir si on est atteint de la maladie de la vache folle ?

C'est quand on commence à tuer les mouches avec sa queue.

DEVINETTE 23

Pourquoi ne faut-il jamais parler à un italien qui conduit ?

Parce qu'il a besoin de ses mains.

DEVINETTE 24

Quel est le jour où l'on vend le plus de rasoirs au Portugal ?

La fête des mères !

DEVINETTE 25

Quelle est la date de la fête des fumeurs ?

Le 1er Juin (premier joint)...

DEVINETTE 26

Quel est le comble pour un rugbyman ?

C'est de se faire plaquer par sa copine

DEVINETTE 27

Comment fait-on aboyer un chat ?

On lui donne une tasse de lait et il la boit

comment appelle t'on la lingerie coquine ?

la hot couture

Quel fruit le poisson déteste-il le plus ?

La pêche

Que s'est-il passé en 1111 ?

L'invasion des huns.

DEVINETTE 31

Pourquoi les blondes passent-elles à la caisse avec un verre d'eau ?

Pour payer en liquide.

DEVINETTE 32

Que dit un zéro quand il rencontre un huit ?

0 ? 8

« Pourquoi T'as mis une ceinture ? »

DEVINETTE 33

C'est quoi un morceau de patate qui tombe sur la planète ?

Une météofrite

DEVINETTE 34

Quelle est la meilleure blague de cuisine ?

La farce !

DEVINETTE 35

Pourquoi le lapin est bleu ?

Parce qu'on l'a peint...

DEVINETTE 36

Quel est le comble pour un acteur obèse ?

Faire un bide

DEVINETTE 37

Pourquoi la grenouille trempe-t-elle toujours son cul dans l'eau ?

Pour avoir la raie nette.

DEVINETTE 38

Quel est l'ours avec le plus de dents ?

L'ours molaire

DEVINETTE 39

Pourquoi les bretons sont-ils tous frères ?

Parce qu'ils ont Quimper

DEVINETTE 40

Comment s'appelle le meilleur contrôleur des impôts ?

Yvon Payer

DEVINETTE 41

Qu'est-ce qu'un oiseau qui se gratte que d'un côté ?

Un oiseau mi-gratteur.

DEVINETTE 42

Qu'est-ce que fait un pou dans une cloche ?

LE Pou Ding

DEVINETTE 43

Qu'est ce qu'une baguette avec une boussole ?

Du pain perdu

DEVINETTE 44

Quand naissent tous les chats ?

A la mi-août...

DEVINETTE 45

Que disent 2 fromages qui se prennent en photo ?

Cheeeeese !

DEVINETTE 46

Quelle est la différence entre un échelle et un fusil ?

L'échelle sert à monter et le fusil sert à descendre

DEVINETTE 47

Comment appelle t'on un lion qui se rebelle ?

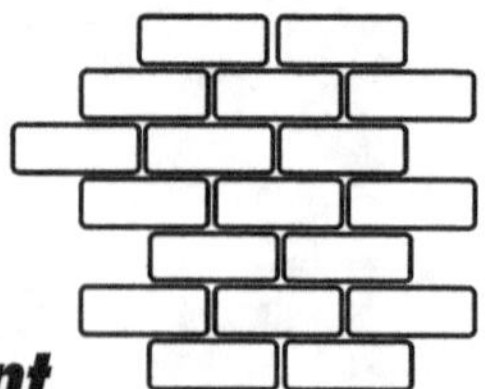

Une rébellion

DEVINETTE 48

Pourquoi les belges lèchent les vieux murs ?

Parce qu'ils s'effritent.

DEVINETTE 49

Pourquoi les mouches ne t'aiment pas ?

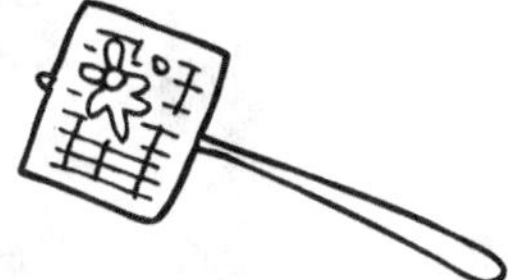

Parce que t'es une tapette.

DEVINETTE 50

Qu'est-ce qu'un yaourt dans la forêt ?

Un yaourt nature

DEVINETTE 51

Que font 2 brosses à dents le 14 Juillet ?

Un feu dentifrice !

DEVINETTE 52

Quel est le comble pour un électricien ?

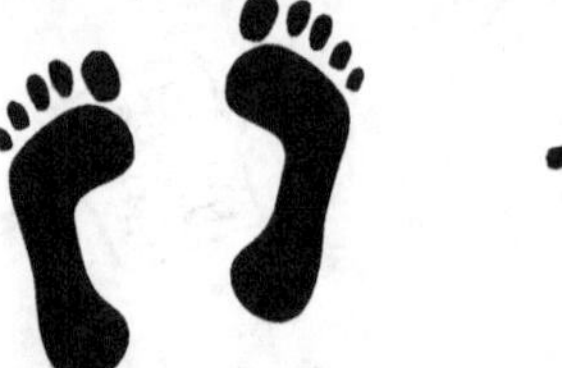

D'avoir des ampoules aux pieds

DEVINETTE 53

Comment appelle-t-on un chat dans l'espace ?

Un chatellite

DEVINETTE 54

Comment on appelle une fille qui aime les pommes ?

Une Pomme-Pomme girl

DEVINETTE 55

Quelle est la différence entre une BMW et une LADA ?

Dans la BMW t'as l'airbag et dans la LADA t'as l'air con

DEVINETTE 56

Dans quel parc les gens tremblent ?

Au parkinson

DEVINETTE 57

Que dit un coq pour faire la cour à une poule ?

- T'as de beaux œufs tu sais ?

DEVINETTE 58

Que fait une autruche lorsqu'elle finit de manger du miel ?

Elle passe à l'aut'ruche.

DEVINETTE 59

Que font 2 squelettes le soir de leur mariage ?

La nuit de n'os (noces)

DEVINETTE 60

Que lisent les kangourous ?

Des livres de poche.

DEVINETTE 61

Quel est le fruit préféré des militaires ?

La grenade

DEVINETTE 62

Quel est le sport le plus silencieux ?

Le parachhhhhhuuuuutt !

DEVINETTE 63

Où porte-t-on les bretelles les plus longues ?

A Cubas (culs bas)

DEVINETTE 64

Comment cuire des carottes sans feu ?

vous en mettez 9 dans une casserole. Puis vous en enlevez une.Ainsi les carottes sont qu'huit ! (cuites)

DEVINETTE 65

Pourquoi un chasseur emmène-t-il son fusil aux toilettes ?

Pour tirer la chasse.

DEVINETTE 66

Quel cri fait un poussin de 200kg ?

(Crier fort) : PIOUUUUU ! PIOUUUUUUUU !

DEVINETTE 67

Pourquoi les pêcheurs ne sont jamais gros ?

Parce qu'ils surveillent leur ligne.

DEVINETTE 68

Comment les ours préfèrent-ils communiquer ?

Par E-miel.

DEVINETTE 69

Que dit un Japonais qui a loupé son bus ?

Karaté !! (car raté)

DEVINETTE 70

Quel est le contraire d'un chat ?

Un pacha.

DEVINETTE 71

Pourquoi les fonctionnaires font leurs manifs en défilant de la République à la Bastille ?

Parce que c'est en descente

DEVINETTE 72

Quel est le repas préféré de Dracula ?

Le croc monsieur !

DEVINETTE 73

Quelle sorte de melon donne du lait ?

Le mamelon

DEVINETTE 74

PComment appelle-t-on un gorille avec une mitraillette ?

Monsieur !

DEVINETTE 75

T'as 2 poussins, t'en veux qu'un, tu fais quoi ?

T'en pousses un !

DEVINETTE 76

Pourquoi les écureuils dorment-ils sur le ventre ?

Pour garder leurs noisettes au chaud.

DEVINETTE 77

Combien il faut d'homme pour peindre une voiture en rouge ?

Un seul, mais il faut le lancer fort.

DEVINETTE 78

Combien de fils a la mère de Justin bieber ?

Juste un.

DEVINETTE 79

Quel est le pluriel de « Un coca » ?

Des haltères

DEVINETTE 80

Pourquoi les portefeuilles sont-ils imperméables ?

Parce qu'on y met du liquide.

DEVINETTE 81

Qu'est-ce qu'un canife?

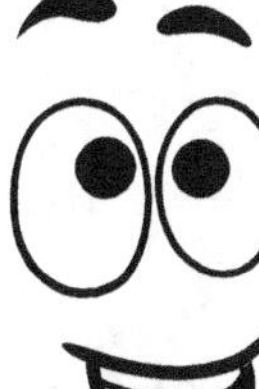

Un petit fien

DEVINETTE 82

Que dit un citron quand il braque une banque ?

Pas un zeste !

DEVINETTE 83

Qu'est-ce qu'un nem avec des écouteurs ?

Un NemP3...(mp3)

DEVINETTE 84

Que crie un donut sur la plage ?

Hey, je vais me beignet !!!

DEVINETTE 85

Pourquoi Dijon, et la ville des célibataires

Car à dijon l'amour tarde

DEVINETTE 86

Qui est le leader spirituel de tous les roux ?

Le gourou

DEVINETTE 87

Que se disent deux bûcherons qui s'engueulent ?

Va scier !

DEVINETTE 88

Pourquoi Mickael ouvre la porte ?

Parce que Jack sonne

DEVINETTE 89

A quoi servent les archipels ?

A faire des archi-trous !

DEVINETTE 90

Que disent des arbres quand ils vont en boite de nuit ?

Laquelle je vais brancher ?

DEVINETTE 91

Qu'est-ce qu'un petit cheval dans une piscine ?

Un poney de bain.

DEVINETTE 92

Pourquoi les femmes sont-elles moins chiantes en février ?

Parce qu'il n'y a que 28 jours !

DEVINETTE 93

C'est quoi une pomme dauphine ?

C'est celle qui a fini 2eme à Miss patate

Quel est le point commun entre un homme et un chat ?

Les deux ont très peur de l'aspirateur

Quel animal peut lire l'avenir ?

La poule de cristal !

Comment une bonne sœur fait-elle des bébés ?

En couvant

DEVINETTE 97

Pourquoi un cul-de-jatte cherche-t-il à acheter une maison ?

Pour avoir un pied-à-terre

DEVINETTE 98

Qu'est ce qui est mieux qu'un ascenseur ?

Un ascenfrère.

DEVINETTE 99

Que devons nous jamais faire dans un sous-marin?

Une journée porte ouverte

DEVINETTE 100

Que fait un crocodile lorsqu'il rencontre une crocodile ?

Il l'accoste !

DEVINETTE 101

Pourquoi le ciel est si haut ?

Pour que les oiseaux ne se cognent pas la tête.

DEVINETTE 102

Comment s'appelle la mamie qui fait peur aux voleurs ?

Mamie traillette

Comment appelle-t-on les reptiles qui pratiquent le karaté ?

Lézards Martiaux

Qu'est-ce qu'une duche ?

C'est une douche sans eau (sans o)

Quel super héros donne le plus vite l'heure ?

Speed heure man ! (spiderman)

DEVINETTE 106

Pourquoi les girafes ont un grand cou ?

Parce qu'elles puent des pieds

DEVINETTE 107

Quel est le contraire d'un steak ?

Une pastèque

DEVINETTE 108

Quel est le point commun entre un community manager et une araignée ?

Ils passent du temps sur la toile

DEVINETTE 109

Quelle est la différence entre un constipé et une mitraillette ?

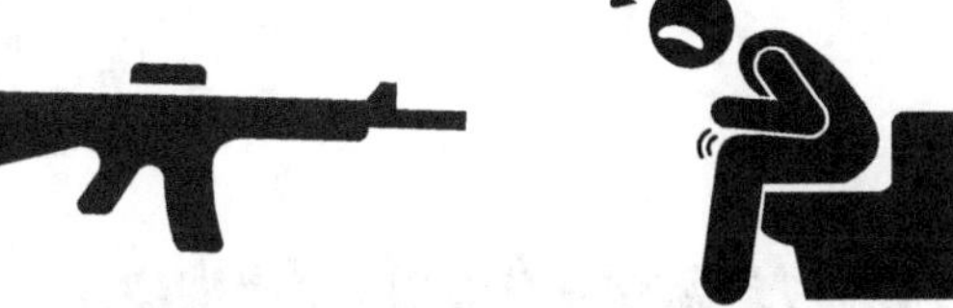

Le constipé pousse et la mitraillette tire.

DEVINETTE 110

Comment s'appelles le mexicain debout à côté du bar ?

Pedro Sanchez

DEVINETTE 111

Comment dit-on soutien-gorge en créole ?

Sakanéné

DEVINETTE 112

Pourquoi les policiers n'ont pas d'acné ?

Car ils ont la peau lisse ! (police)

DEVINETTE 113

Que fait un mathématicien qui urine?

Il fait $\pi\pi$ (pipi)

DEVINETTE 114

Que dit un pistolet à une mitraillette ?

Ça fait longtemps que tu bégayes ?

DEVINETTE 115

Pourquoi quand on veut viser on ferme un œil ?

Car si on fermait les deux on verrait plus rien !

DEVINETTE 116

Comment s'appelle le journal publié chaque semaine au Sahara ?

L'hebdromadaire.

DEVINETTE 117

Comment appelle-t-on un cochon avec des ailes?

Un aéro porc

Quel est le seul instrument à vent à une seul corde ?

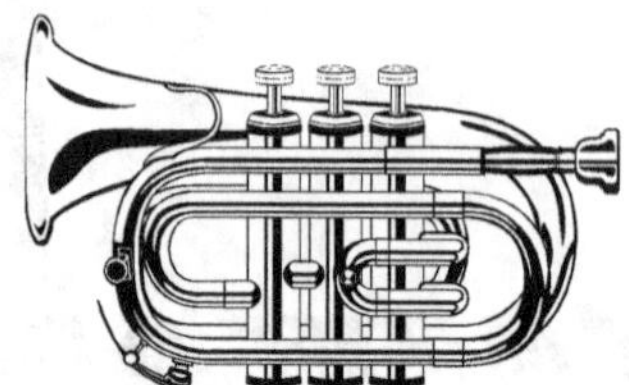

Le string

Comment appelle-t-on la maman loutre ?

Loutre mère (l'outremer)

Qu'est-ce qu'un homme intelligent en Belgique ?

Un touriste

DEVINETTE 121

Que faire lorsqu'un geek pleure ?

On le console

DEVINETTE 122

Comment appelle-t-on une fracture du crâne ?

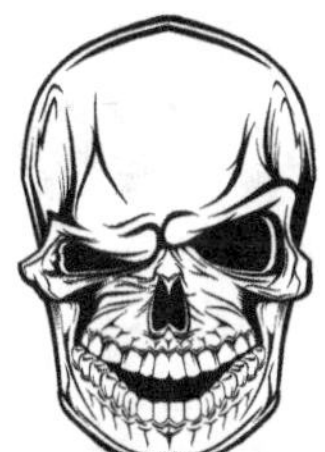

Un dégât des os

DEVINETTE 123

Qu'est-ce qu'un rat avec la queue coupée ?

Un rat-courci

DEVINETTE 124

Quelle est la différence entre une femme et un doberman ?

Le prix du collier

DEVINETTE 125

Comment appelle-t-on des rats qui marchent en file indienne

Une rallonge...

DEVINETTE 126

Qu'est-ce qu'un chalumeau ??

C'est un drolumadaire à deux bosse !!

DEVINETTE 127

Comment appelle-t-on un rassemblement de guêpes ?

La guêpe ride ! (gay pride)

DEVINETTE 128

Pourquoi l'idiot se frappe la tête sur le mur ?

Parce que ça lui fait du bien quand il arrête.

DEVINETTE 129

Pourquoi les Belges tirent-ils à côté du but ?

Parce que les buts à l'extérieur comptent double

DEVINETTE 130

J'ai quelque-chose dans ma poche, mais ma poche est vide.Qu'est-ce que c'est ?

Un trou.

DEVINETTE 131

Que dit un rouleau de papier de toilette à Luke Skywalker ?

J'essuie ton père

DEVINETTE 132

Quel est le comble pour une taupe?

C'est d'amuser la galerie !

DEVINETTE 133

Pourquoi faut-il aimer son prochain?

- Parce que les autres sont loin.

DEVINETTE 134

Que fait un hippie qui urine?

Il peace.

DEVINETTE 135

Qu'est-ce que 2 canards qui se battent?

Un conflit de canard

DEVINETTE 136

Qu'est-ce qui est jaune, bridé, et qui n'est pas asiatique ?

Une mobylette de la poste

DEVINETTE 137

Qu'est-ce qui est noir et blanc et qui rebondit ?

Un pingouin sur un trampoline.

DEVINETTE 138

Pourquoi les aveugles ne peuvent pas faire de saut à l'élastique ?

Parce que ça traumatise le chien.

DEVINETTE 139

Quel est le comble pour un policier ?

De manger des amendes !

DEVINETTE 140

Pourquoi faut-il se boucher les oreilles en rentrant dans une église ?

Parce que Jésus Christ...

DEVINETTE 141

Qu'est ce que deux sourds qui se battent?

ca doit être sûrement un malentendu.

DEVINETTE 142

Comment ramasse-t-on la papaye?

Avec une foufourche

DEVINETTE 143

que dit un imbécile qui rentre chez un antiquaire?

Bonjour, quoi de neuf ?

DEVINETTE 144

Quelle est la particularité d'une bouteille de vin...

elle voit l'avenir ! (devin)

DEVINETTE 145

Comment occuper une blonde toute la journée ?

Lui donner un papier ou l'on écrit « voir au verso » de chaque côté.

DEVINETTE 146

Qui fait plus de 35 heures au bureau de poste ?

La machine à café

DEVINETTE 147

Pourquoi les hommes aiment les femmes qui portent du cuir ?

Parce que ça sent la voiture neuve.

Que répond un pianoa un autre qui lui dit :
-salut !,ca va?

-Non, j'ai mal au do !

A quoi vous fait penser une blonde seule dans le désert?

A une gourde!

Que disons nous quand 2 poissons s'énervent..

On peut dire que le thon monte !

DEVINETTE 151

Que dit un putois qui rencontre un autre putois?

« Tu pues toi ! »

DEVINETTE 152

que fait un gars qui court dans un cimetière et trébuche ...

Il tombe.

DEVINETTE 153

Quel est le point commun entre un facteur et un lanceur de couteau ?

Les deux doivent avoir beaucoup d'adresse.

DEVINETTE 154

Comment trouve t'on un poil en pleine forme ?

bah Maintenant il est pubien....

DEVINETTE 155

Que dit un clown à son docteur ?

Docteur, je me sens tout drôle !

DEVINETTE 156

Comment appelle-t-on un squelette bavard ?

Un os parleur

DEVINETTE 157

Comment sort-on de la mer Rouge ?

Mouillé !

DEVINETTE 158

Qu'est-ce qu'une brune entre 2 blondes ?

Une interprète

DEVINETTE 159

comment appelle t'on quelqu'un qui télécharge illégalement depuis la Martinique...

Un pirate des Caraïbes

DEVINETTE 160

Si Je fais des blagues de chimiste que se passe t'il?

Je n'ai jamais de réactions...

DEVINETTE 161

Que répond un mec alcoolisé au policier qui lui dit: "Bonjour Monsieur, police nationale !"

Bien fait pour ta gueule ! T'avais qu'à travailler à l'école !

DEVINETTE 162

Que dit un oignon quand il se cogne ?

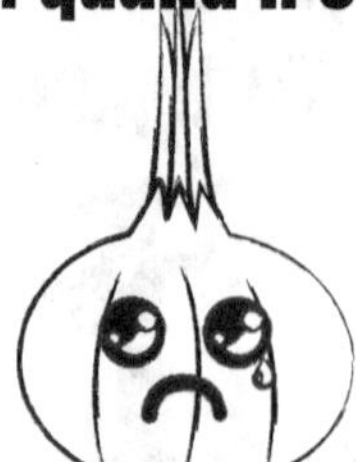

Ail

DEVINETTE 163

Il y a quoi au milieu de l'océan ?

Un é

DEVINETTE 164

De quoi se nourissent les nuages ?

D'éclairs !

DEVINETTE 165

qu'est il arrivé au pingouin qui respire par les Fesses

il s'assoit, et il meurt ...

DEVINETTE 166

Quel est le remède contre la mauvaise haleine ?

Arrêter de dire de la merde !

DEVINETTE 167

Quel est le comble pour un dentiste ?

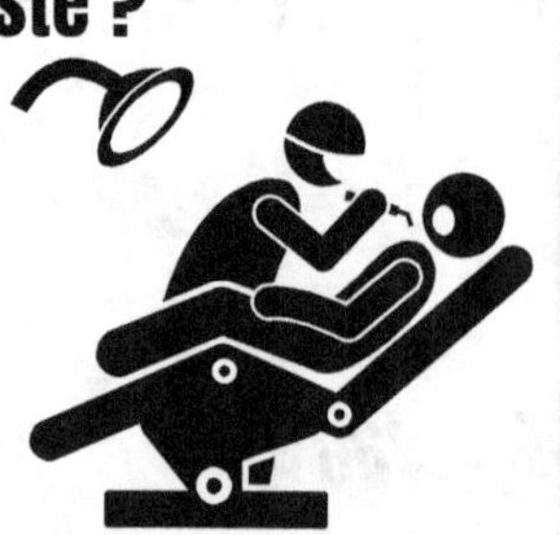

C'est d'habiter dans un palais.

DEVINETTE 168

Pourquoi Harry Potter chuchotte ?

Parce que Dumbledore...

DEVINETTE 169

Comment appelle-t-on un nain qui travaille à la Poste ?

Un nain posteur...

DEVINETTE 170

Comment appelle-t-on un chauffeur de corbillard ?

Un pilote décès...

DEVINETTE 171

Qu'est-ce qu'un policier sur un tracteur ?

Un poulet fermier

DEVINETTE 172

Comment faire pour qu'un fromage ne coule pas ?

Il faut lui apprendre à nager.

DEVINETTE 173

Qu'est-ce qu'un psychologue dans une usine de Lustucru ?

Un psychopathe

DEVINETTE 174

Où dansent les biscottes ?

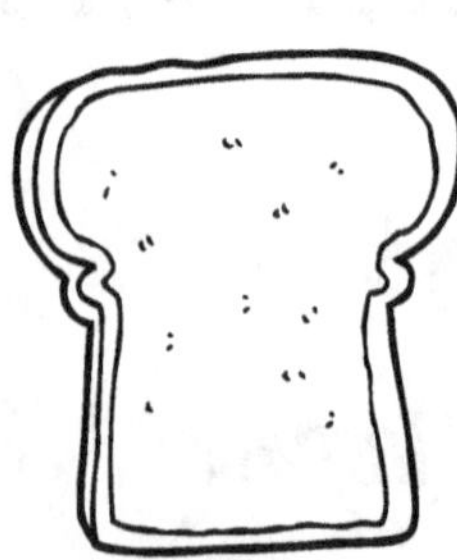

À la biscottèque

DEVINETTE 175

Qui s'occupe de la décoration à l'Elysée ?

Le ministère de l'intérieur

DEVINETTE 176

Pourquoi certaines personnes jettent-elles leur ordinateur a la mer ?

Pour surfer sur le net.

DEVINETTE 177

Qu'est ce que du ciment dans un pot ?

De la confiture de mur !

DEVINETTE 178

Quel est le mode de transport préféré des vampires ?

Le vaisseau sanguin

DEVINETTE 179

C'est le fils de ma mère mais c'est pas mon frère, qui est-ce ?

C'est moi.

DEVINETTE 180

On m'entend mais on ne me voit pas.Qui suis-je ?

La voix.

Je me brise lorsque l'on me nomme.

Le silence.

Je peux faire le tour du monde tout en restant dans mon coin , qui suis je?

Un timbre.

Qu'est-ce qui peut faire le tour d'une maison sans bouger ?

Le mur !

DEVINETTE 184

Qu'est ce que 2 oeufs qui se disputent?

des oeufs brouillés

DEVINETTE 185

Que dit une imprimante dans l'eau ?

J'ai papier

DEVINETTE 186

Pourquoi est-ce que les moutons aiment le chewing-gum?

Parce que c'est bon pour la laine (l'haleine)

Quel est le sport préféré des insectes?

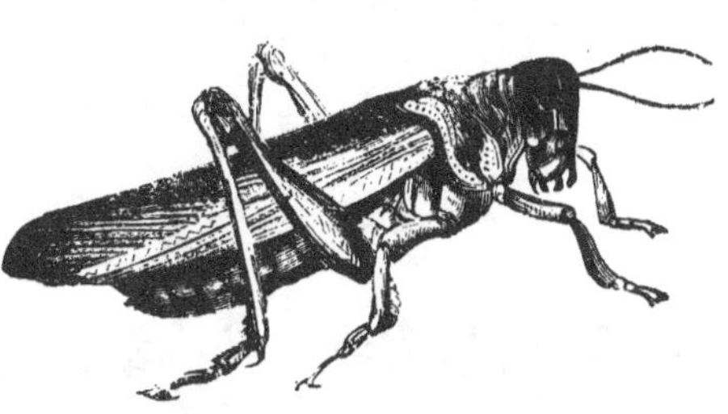

Le criquet

Quelle est la boisson préférée des espagnols ?

Le café Olé

Qu'est-ce que fait un hibou dans une casserole ?

Hi-bou (il bout)

DEVINETTE 190

Qu'est-ce qu'une frite enceinte ?

Une patate sautée

DEVINETTE 191

Pourquoi est-ce que les bières sont toujours stressées ?

Parce qu'elles ont la pression

DEVINETTE 192

Pourquoi est-ce que les éoliennes n'ont pas de copain ?

Parce qu'elles se prennent toujours des vents

DEVINETTE 193

Qu'est ce qu'un cadeau qui s'en va ?

Une surprise party

DEVINETTE 194

Quel poisson n'a pas de certificat de naissance ?

Le poisson pané

DEVINETTE 195

Pourquoi est-ce que les bouteilles de bière portugaises coulent elles ?

Parce qu' elles savent panaché

DEVINETTE 196

Pourquoi est-ce que les chercheurs ont-ils des trous de mémoire?

Parce qu'ils se creusent la tête

DEVINETTE 197

Qu'est-ce qui est vert et qui se déplace sous l'eau ?

Un chou marin

DEVINETTE 198

Que fait une vache quand elle ferme les yeux ?

Du lait concentré

DEVINETTE 199

Pourquoi est-ce que les chercheurs ont-ils des trous de mémoire?

Parce qu'ils se creusent la tête

DEVINETTE 200

Qu'est-ce qu'un hamster dans l'espace ?

Un hamsteröide

DEVINETTE 201

Que fait un jardinier quand il ment ?

Il raconte des salades

DEVINETTE 202

Quels sont les fruits qu'on trouve dans toutes les maisons ?

Des coings et des mûres (coins et murs)

DEVINETTE 203

Avec quelle monnaie les marins payent-ils ?

Avec des sous marins

DEVINETTE 204

Que dit un chihuahua japonais pour dire bonjour ?

Konichihuahua

DEVINETTE 205

Pourquoi est-ce que les livres ont-ils toujours chaud ?

Parce qu'ils ont une couverture

DEVINETTE 206

7. Quel fruit est assez fort pour couper des arbres?

Le ci-tron

DEVINETTE 207

Quel est le jambon que tout le monde déteste ?

Le sale ami

DEVINETTE 208

Pourquoi les japonnais veulent-ils devenir cheval ?

Parce-qu'ils sont déjà poney !

DEVINETTE 209

Que font deux plantes qui se rencontrent ?

Elles vont prendre un pot !

DEVINETTE 210

Que fit Christophe Colomb après avoir posé le premier pied sur le continent américain ?

Il posa le deuxième.

DEVINETTE 211

Pourquoi les sorcières utilisent des balais pour voler ?

Parce que les aspirateurs sont trop lourds

DEVINETTE 212

Qui a tué Marie ?

Un chat ! Parce que Marie est descendue par minou !

DEVINETTE 213

Que fait une bombe heureuse ?

Elle explose de joie !

DEVINETTE 214

Un jongleur qui jongle avec des œufs crus en laisse tomber un sur le sol en béton mais il ne se fissure pas, pourquoi ?

Le béton ne se fissure pas si facilement !

DEVINETTE 215

Où un morceau de sucre amoureux d'une petite cuillère lui donne-t-il rendez-vous ?

Dans un café.. !

DEVINETTE 216

Quelle différence il y a entre un robot et du ketchup ?

Aucune, les deux sont aux tomates...

DEVINETTE 217

Où va un train rempli d'habits ?

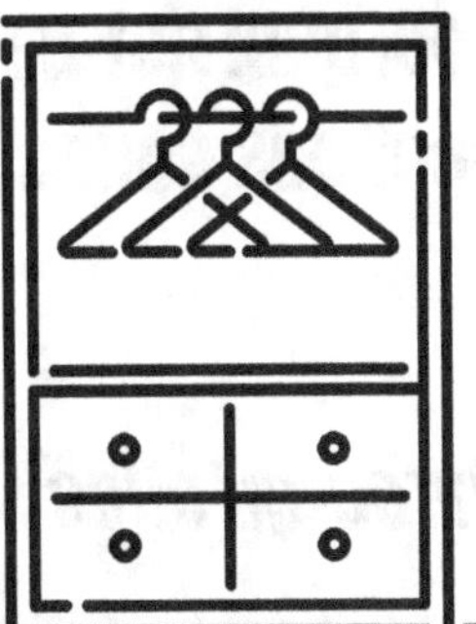

A la la gare de Robe. (garde-robe)

DEVINETTE 218

Comment reconnait t'on un fou dans un magasin de chaussures ?

c'est le seul qui essaie les boites.

DEVINETTE 219

Deux poissons sont en plein océan arctique:On rentre ?
dit le premier poissons.
que réponds le deuxième?

Ouais, j'me l'écaille!

DEVINETTE 220

Pourquoi est-ce qu'en Angleterre les maisons ne sont pas solides ?

Parce-qu'elles sont en glaise. (Anglaises)

DEVINETTE 221

Que dit une maman baleine a son enfant qui fait trop de bruit ?

Cétacé ! (C'est assez)

DEVINETTE 222

Quel est le sport préféré des chèvres ?

L'aérobic.

DEVINETTE 223

Qui du crayon ou du feutre est le plus en forme ?

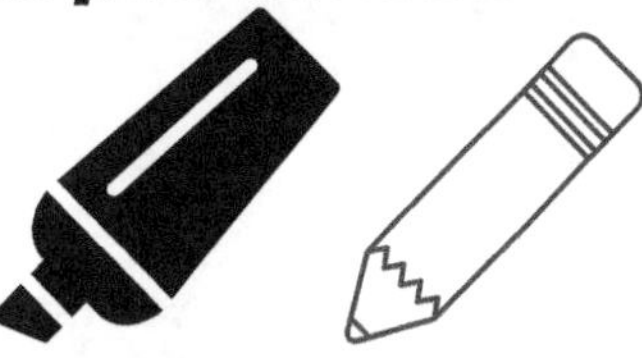

C'est le crayon car il a une bonne mine.

DEVINETTE 224

Que dit une artère à une veine ?

Au diable la varice !

DEVINETTE 225

Pourquoi les raisins n'ont ils pas de chance ?

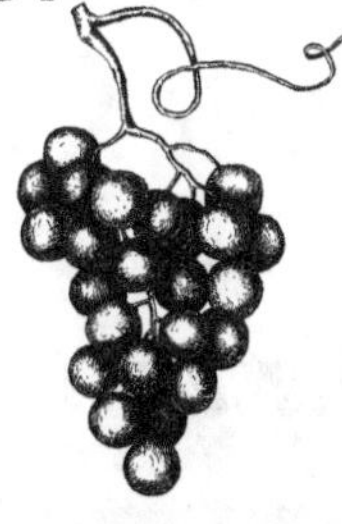

Parce-qu'ils ont que des pépins.

DEVINETTE 226

Qui du crayon ou du feutre est le plus en forme ?

C'est le crayon car il a une bonne mine.

DEVINETTE 227

Que dit une artère à une veine ?

Au diable la varice !

DEVINETTE 228

Pourquoi les raisins n'ont ils pas de chance ?

Parce-qu'ils ont que des pépins.

Quelle est la moitié d'un tout ?

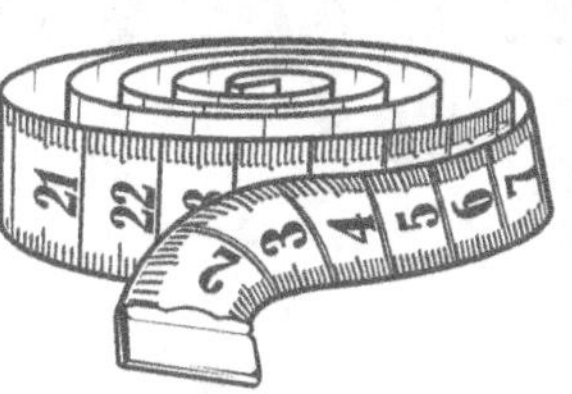

c'est 3 mètres, car le tout est de s' y mettre !
(6 mètres)..

Que dit un serpent quand il demande l'heure à un autre serpent ?

Quelle heure reptile ?

Qui du marin ou de l'aviateur écrit le moins ?

C'est le marin car il a jeté l'encre.(ancre)

DEVINETTE 232

Est ce qu'un homme peut épouser la soeur de sa veuve ?

Non, parce qu'il est mort...

DEVINETTE 233

Comment s'appelle un chien qui vend des médicaments ?

Un pharmachien

DEVINETTE 234

Quelle est la dernière volonté d'un garagiste?

Avoir une vie d'ange. (vidange)

DEVINETTE 235

Nous sommes deux. Nous sommes très petites. Mais à nous deux, nous pouvons plonger le monde dans le noir.

Les paupières.

DEVINETTE 236

Quel est le fruit le plus féminin ?

L'ananas (la nana).

DEVINETTE 237

Comment s'appelle l'abbé cuisinier ?

L'abbé Chamel ! (La béchamel)

DEVINETTE 238

Quelle invention permet de voir à travers les murs ?

La fenêtre...

DEVINETTE 239

Que dit une bouteille quand elle est en retard ?

Désolé y avait des bouchons !

DEVINETTE 240

Que faut-il casser avant de l'utiliser ?

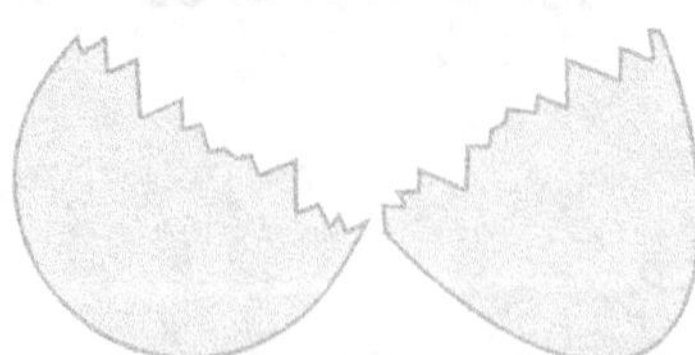

Un oeuf.

DEVINETTE 241

De tous les légumes, quel est le plus courageux?

Le pois chiche.

DEVINETTE 242

Quel père est toujours d'accord ?

Le père ok. (le perroquet)

DEVINETTE 243

Pourquoi les indiens mettent-ils la main au dessus des yeux pour regarder au loin ?

S'ils mettaient la main devant les yeux, ils ne verraient plus rien.

DEVINETTE 244

Qui a une couronne et vit dans un palais ?

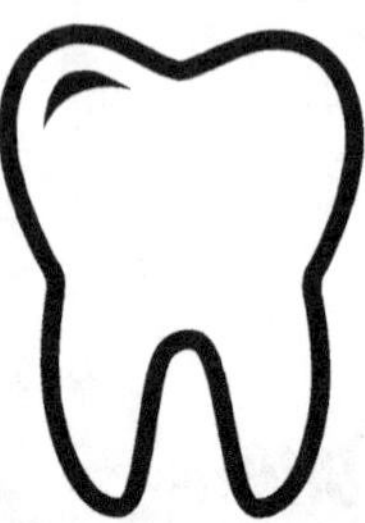

Une dent.

DEVINETTE 245

Que dit un mur a un autre mur ?

On ne sait pas parce qu'ils murmurent.

DEVINETTE 246

Qui a des dents mais ne mange pas ?

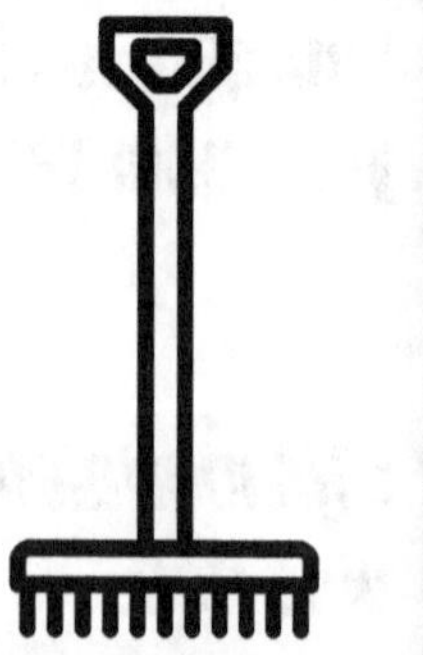

Un râteau.

DEVINETTE 247

Quel est le comble pour deux nuages ?

D'avoir un coup de foudre

DEVINETTE 248

Quel est le plus petit paradis du monde?

Le soutien-gorge, car il n'y a que deux seins.

DEVINETTE 249

Qu'est-ce qui tourne sans bouger?

Le lait.

DEVINETTE 250

Comment appelle-t-on un chat qui tombe dans un pot de peinture pendant noël ?

Un chat peint de noël